LE RÉGIME

PARLEMENTAIRE

AVANT L'INVASION

19 Janvier 1867 — 15 Juillet 1870.

Par Joseph GARDIES

NIMES

IMPRIMERIE TYPOGRAPHIQUE LAFARE FRÈRES
1, Place de la Couronne, 1.

1885

DU MÊME AUTEUR :

Pour paraître prochainement :

LE RÉGIME PARLEMENTAIRE

PENDANT L'INVASION

15 Juillet 1870 — 8 février 1871

LE RÉGIME PARLEMENTAIRE

APRÈS L'INVASION

8 Février 1871 — 30 Mars 1885.

LE RÉGIME PARLEMENTAIRE

AVANT L'INVASION

Dans un pays de Suffrage universel comme le nôtre, le vrai rôle des honnêtes gens consiste, à mon sens, à enseigner au peuple l'histoire contemporaine, cette histoire qui s'est passée, pour ainsi dire, sous nos yeux et que la plupart des électeurs ne connaissent pas, ou connaissent mal, par les calomnies et les mensonges répandus par des ambitieux sans loyauté comme sans pudeur. — L'Histoire, ne l'oublions pas, est la meilleure leçon des peuples, mais il faut pour que la leçon profite, qu'elle ne soit pas faussée intentionnellement et qu'elle soit présentée loyalement avec les preuves à l'appui. Eh bien ! je voudrais, vous tracer à grands traits l'histoire du régime parlementaire avant l'invasion, et vous faire parcourir les grands évènements qui ont marqué cette période en faisant parler, pour ainsi dire, devant vous, les principaux personnages politiques qui, soit au pouvoir, soit dans l'opposition, ont contribué par leurs actes, leurs discours ou leurs écrits, à ces évènements mêmes.

Dans ma pensée, ce que je vais vous exposer ne serait que la première partie d'un travail complet : Le régime parlementaire avant, pendant et après l'invasion, car le lien mystérieux par lequel Dieu enchaîne les plus petits et les plus grands évènements, ce lien dont nous ne voyons pas encore le dernier chaînon, on peut l'apercevoir dès 1867 dans cette lettre fatale du 19 janvier où l'Empereur annonçait que le Corps législatif recevait le droit d'interpellation et que les ministres y seraient envoyés pour défendre les affaires de leur

département. — Jusqu'à ce jour, en effet, depuis le commencement de l'Empire, la France avait vécu sous le régime de la Constitution dite Constitution de 1852, et certes, nul ne le niera, la prospérité à l'intérieur, à la suite des traités de commerce de 1860 qui nous donnaient le libre échange, libre échange couronné par cette magnifique exposition universelle de 1867 ; la grandeur à l'extérieur à la suite des guerres de Crimée et d'Italie avaient atteint leur apogée. — En 1866, l'écrasement foudroyant de l'Autriche à Sadowa avait fait ressortir vivement pour tous les esprits préoccupés de l'ambition patriotique de conserver notre suprématie militaire en Europe, l'infériorité de notre armement et la plus grande infériorité du nombre, ainsi que la rapidité de la mobilisation prussienne. — Dès cette époque, les rapports du colonel Stoffel, si vantés plus tard, devenaient le sujet des plus sérieuses préoccupations de Napoléon III et du maréchal Niel, alors ministre de la guerre. Chez le premier, chez l'Empereur, le colonel Stoffel par ses rapports comme la guerre austro-prussienne par ses enseignements, enfonçaient une porte ouverte, et trouvaient un terrain tout préparé depuis longtemps. Voici en effet ce qu'écrivait en 1843 le prince Louis-Napoléon, plus tard Empereur, alors détenu politique au fort de Ham : « Comme la Prusse avant Iéna,
» nous vivons sur notre gloire passée. Le terrible exem-
» ple de Waterloo ne nous a pas profité : nous sommes
» sans défense. Nous insistons sur ce rapprochement
» pour montrer qu'il ne s'agit pas d'une loi de détail,
» mais d'une question de principe, d'une question
» d'existence....... *L'Organisation prussienne est la*
» *seule qui convienne à notre nature démocratique, à*
» *nos mœurs égalitaires, à notre situation politique.* »
Ce qu'il écrivait là, Napoléon III n'a jamais cessé de le penser. Quand il monta sur le trône, il chercha vai-

nement à faire prévaloir ses idées personnelles. Il rencontra partout une telle résistance qu'il y dut renoncer. Jamais, lui disait-on, vous ne feriez accepter au pays une réforme qui bouleverse à ce point ses habitudes et ses mœurs. Tout ce qu'il put obtenir des Chambres, fut de porter le contingent annuel de 80 à 100,000 hommes. La guerre d'Italie l'ayant confirmé dans cette opinion que les forces militaires de la France n'étaient pas au niveau de ses besoins, l'Empereur songea de nouveau à faire adopter le principe du service obligatoire. On l'en dissuada en lui disant que ni le pays ni la Chámbre n'y consentiraient. Lorsque le maréchal Niel fut appelé par l'Empereur au ministère de la guerre, en 1866, ce fut avec la pensée arrêtée de lui faire accomplir cette grande réforme militaire dont le maréchal avait compris, lui aussi, l'absolue nécessité.

Après Sadowa, l'Empereur, pensant que les évènements de la guerre austro-prussienne avaient préparé l'opinion à cette réforme, fit présenter un projet de loi — celui là même dont il indiquait les bases en 1843 — constituant cette forte armée de 1200,000 hommes qu'il avait toujours jugée nécessaire à la défense du pays. Voici dans quels termes M. Thiers repoussa la demande de l'armée de 1200,000 hommes, en prétendant que le chiffre de l'armée prussienne était une *chimère* et *une fable* :

« Messieurs, il y a une chose que l'on oublie. On
» dirait qu'il n'y a que la garde nationale pour défen-
» dre le pays et que la garde nationale mobile n'étant
» pas constituée, la France est découverte ! Je vous le
» demande, à quoi nous servirait cette admirable ar-
» mée active, qui nous coûte quatre ou cinq cents mil-
» lions par an ? Vous supposez donc qu'elle sera battue
» dès le premier choc, et que la France sera immédia-
» tement découverte. On vous présentait l'autre jour

» des chiffres de 1200, de 1300, de 1500,000 hommes
» comme étant ceux que les différentes puissances peu-
» vent mettre sous les armes. Je ne dis pas que ce soit
» sur ces chiffres qu'on ait fondé votre vote, mais en-
» fin, ils vous ont fait éprouver, quand on vous les a
» cités, une impression fort vive. *Eh bien! ces chiffres*
» *là sont parfaitement chimériques....* La Prusse, selon
» M. le ministre d'État, nous présenterait 1,300,0000
» hommes mais, je le demande, où a-t-on vu ces forces
» formidables ? La Prusse, combien d'hommes avait-
» elle portée en Bohême en 1866 ? 300,000 environ. C'est
» que, Messieurs, il ne faut pas se fier à cette fantasma-
» gorie de chiffres..... *Ce sont là des fables qui n'ont*
» *jamais eu aucune espèce de réalité.* (Approbation
» autour de l'orateur.) *Donc, qu'on se rassure, notre*
» *armée suffira pour arrêter l'ennemi.* Derrière elle,
» le pays aura le temps de respirer et d'organiser tran-
» quillement ses réserves.

Rappelons encore parmi les protestations de la presse, celle du **Journal des Débats**, organe modéré des constitutionnels :

« On comprend que dans un moment de danger pour
» la nation, on appelle tous les bras à la défense de la
» chose publique ; mais convertir cette hypothèse en
» un système permanent et régulier, c'est la plus
» grande entreprise qui ait jamais été faite contre
» la liberté des individus..... *Les mœurs, qui savent*
» *toujours résister résisteraient à une mauvaise loi,*
» *dussent-elles employer de nouveaux moyens.* »

Intimidée par ces véhémentes protestations, la majorité du Corps législatif elle-même faiblissait. Le ministère et l'Empereur durent retirer leur projet et en présentèrent un autre beaucoup moins efficace A la session de 1867-68, le ministère proposa l'organisation d'une armée de 800,000 hommes à l'aide de la garde mobile.

L'Empereur lutta pied à pied, personnellement jusqu'à la dernière heure, pour réfuter les sophismes de l'opposition. Il fit traduire toutes les statistiques allemandes indiquant d'une façon précise les forces de la Prusse et fit publier cette traduction par plusieurs journaux de Paris. Il envoya aux journaux de province un article intitulé : *To be or not to be*, rédigé à son cabinet et qui avait pour but de présenter la réforme militaire comme une nécessité de salut public : Il faisait paraître une note rédigée par lui-même et intitulée : *Une mauvaise économie,* dans laquelle il conjurait les députés de ne point continuer à désorganiser notre armée, pour réaliser d'insignifiantes économies.

L'opposition à la Chambre ne fut pas moins violente. Ecoutez, d'abord M. Magnin, ministre du gouvernement du 4 septembre et qui a voté la guerre :

« Vous savez quelle explosion de cris s'éleva dans » toute la France, à l'annonce de ce projet de loi. Per- » sonne ne pouvait et ne voulait l'accepter. Il fut mo- » difié dans ce qu'il avait d'*exorbitant*. Il y eut encore » une opposition très vive, très ardente au projet de » loi. L'opinion publique n'a pas été plus favorable à » ce projet qu'à ceux qui l'avaient précédé..... Il ne » s'agissait plus de militariser la nation, mais de modi- » fier quelques dispositions de la loi de 1832. (Discours » du 19 décembre 1867). »

Ecoutez maintenant M. Jules Simon, membre du gouvernement du 4 septembre et qui a voté la guerre :

« Messieurs, le but principal du projet, présenté l'an- » née précédente, était de demander une force armée de » 1,200,000 hommes. Après des transformations consi- » dérables, on en est venu au projet actuel. Mais, on » le voit bien, vous voulez toujours une armée de 800,000 » hommes et pour y arriver, vous créez la garde mobile. » La loi qui fait cela, n'est pas seulement une e dure loi

» c'est une loi *impitoyable*, qui ne pèse pas exclusive-
» ment sur les appelés, mais sur la population toute
» entière. Car, loger les gardes mobiles chez l'habitant,
» comme vous le proposez, c'est ajouter un nouvel im-
» pôt à tous ceux qui nous écrasent. Enfin, les consé-
» quences politiques du nouveau système seront plus
» désastreuses encore que ses conséquences matérielles
» et la loi qu'on propose est surtout mauvaise *parce*
» *qu'elle constituera une aggravation de la toute-puis-*
» *sance de l'Empereur.......... Ce qui importe, ce*
» *n'est pas le nombre des soldats c'est la cause qu'ils ont*
» *à défendre. Si les Autrichiens ont été battus à Sado-*
» *wa, c'est qu'ils ne tenaient pas à vaincre pour la mai-*
» *son de Hapsbourg contre la patrie allemande. Oui,*
» *messieurs, il n'y a qu'une cause qui rende une armée*
» *invincible, c'est la liberté.* » (Discours du 19 décem—
» bre 1867).

La Gauche présente un amendement tendant au réta-
blissement de la garde nationale et à la suppression de
l'armée. M. Jules Simon défend cet amendement le 23
décembre 1867. Il s'élève contre le « militarisme » et
les « prétoriens ». « Cette paix armée, dit-il, c'est une
» guerre écœurante ; ces soldats que vous laissez dans
» les casernes ne font que s'y énerver. *Nous demandons*
» *que l'armée permanente soit à jamais supprimée.* »
(Discours du 23 décembre 1867).

M. Jules Favre intervient à son tour ; il affirme que
la nation la plus puissante est celle qui peut désarmer,
et il demande qu'on désarme. (Discours du 23 décem—
bre 1867).

M. Garnier-Pagès soutient que la seule organisation militaire est la levée en masse (Discours du 23 décembre 1867.)

M. Glais-Bizoin s'écrie : *Il ne faut plus de soldats.*
(Discours du 23 décembre 1867.)

M. Thiers s'écrie : *Vous voulez donc faire de la France une vaste caserne..... Prenez garde, d'en faire un vaste cimetière*, répond le maréchal Niel, profondément découragé, prophétisant ainsi l'avenir.

C'est donc l'opposition, Thiers en tête, qui empêcha la France d'avoir une armée de 1200,000 hommes.

C'est encore l'opposition, Thiers en tête, qui repoussa la loi des 800,000 hommes, dite loi de la garde mobile.

Voici les noms des principaux des 44 députés qui repoussèrent la loi: MM. Bethmont, Magnin, Glais-Bizoin, Dorian, Jules Favre, Carnot, Thiers, Jules Simon, Ernest Picard, Garnier-Pagès, Pelletan (*Journal officiel* du 15 janvier 1868).

L'opposition n'avait pu empêcher l'adoption de cette loi de la garde mobile ; elle en entrava du moins l'application tant qu'elle put et surtout par le refus ou la diminution des crédits qui devaient permettre de la faire fonctionner. En 1868, dans la discussion du budget de 1869, le maréchal Niel, attristé et écœuré des attaques dont il était l'objet et de l'opposition de détail qui lui était faite, disait à la tribune : « J'ai la conviction que
» dans quatre ou cinq ans vous aurez le plus grand
» regret d'avoir attaqué l'institution de la garde mobile.
» Vous êtes frappé de la transformation de l'armement.
» Mais, dans ce moment, il y a une transformation plus
» importante encore que la transformation de l'armement
» c'est le passage du pied de paix au pied de guerre.
» Comment se fait-il que celui qui a l'honneur de parler
» devant vous, et qui n'a d'autre espoir que celui d'arri-
» ver à l'organisation la plus économique, soit mis dans
» l'impossibilité d'atteindre le but qu'il se propose. *Oui,*
» *Messieurs., vous me rendez la tâche impossible.......*
» *Je ne pourrais pas soutenir longtemps le rôle*
» *qui consisterait à venir vous dire à chaque instant :*
» *Ce que vous faites pour l'armée est insuffisant.....*

» Ne me forcez pas à avouer en public mon insuffi-
» sance. Les autres cabinets suivent attentivement ses
» débats. C'est là que se déclare la guerre. Et si l'on
» s'aperçoit que toutes les solutions sont prises contre
» le ministre de la guerre, il y a de grands inconvé-
» nients......... Je dis que vraiment les choses publi-
» ques de l'armée ne peuvent être conduites de cette
» façon......... »

En 1869, pendant la discussion du budget de 1870,
le maréchal Niel dit encore à la tribune : « Pour ce qui
» concerne la garde mobile, vous avez vu au budget
» que l'organisation totale de cette garde coûtera
» *14 millions.* Vous ne m'avez donné que *cinq mil-*
» *lions. Je ne puis donc pas l'organiser en totalité...* »

Après la mort du maréchal Niel, le maréchal Lebœuf qui lui succéda au ministère de la Guerre estime
que l'organisation de la garde mobile doit exiger de 30
à 40 millions. Son illustre prédécesseur en ayant
demandé 14 et n'en ayant obtenu que cinq, le maréchal Lebœuf n'espère pas une organisation prochaine.
Mais, prévoyant le danger, il propose au moins que la
garde nationale mobile soit organisée à l'avance sur
des registres régulièrement tenus, qui permettraient, le
cas échéant , son appel immédiat. En présence des
nécessités de plus en plus pressantes , la Chambre
accorde un crédit non plus de cinq millions, mais de
deux millions seulement.

Après Sadowa, une guerre avec la Prusse parut à
tout le monde certaine et prochaine. Le Prusse, avec
son organisation militaire est toujours prête. L'Empereur voulut mettre la France en situation de faire face
au danger, et il ordonna immédiatement deux mesures :
la transformation du fusil à piston en chassepot et la
réorganisation de l'armée.

La première mesure, dépendant du ministre de la

guerre et de l'Empereur, alla vite. En 1870, on avait
un million et demi de chassepots dans les arsenaux. La
seconde, l'organisation de l'armée dépendait de la
Chambre. On vient de voir comment le projet de loi
des 1,200,000 hommes et du service obligatoire échoua
devant elle : à cette époque, l'esprit public était hos-
tile à une aggravation des charges militaires : l'opposition conduite habilement par M. Thiers, flattant adroi-
tement les goûts bourgeois, affectant de croire que le
développement de l'armée ajouterait, selon le mot de
M. Jules Simon, à la toute puissance de l'Empereur,
réussit à tourner entièrement l'opinion contre une loi
qui nous eût donné la victoire et épargné notre honte
et nos désastres. M. Thiers parvint à faire croire que
l'armée actuelle suffirait à arrêter l'ennemi et que la
France aurait plus de temps qu'il n'en fallait pour organiser les réserves et la garde nationale. M. Pelletan
alla plus loin encore ; il demandait le désarmement des
pompiers et il disait : « *Messieurs, je comprendrais les*
« *pompiers armés dans le cas d'une invasion. Mais une*
» *invasion est-elle possible ? On s'indignerait, si je*
» *formulais une prévision semblable et on aurait*
» *raison.* »

On crut si bien à l'impossibilité de l'invasion qu'aux
élections de 1869, les députés qui avaient voté la garde
mobile furent accusés d'avoir voulu enlever les bras
des campagnes et que les candidats de l'opposition
s'engagèrent à demander la réduction de l'armée. Ce
qui eut lieu en 1870 : un régiment de la garde fut
licencié : une diminution de 10,000 hommes sur le contingent annuel fut proposé par la commission du budget, et un mois avant la guerre, au mois de juin, M. de
Choiseul demanda au ministre de la guerre, avec les plus
vives instances, de renvoyer par anticipation dans leurs
foyers tous les soldats libérables avant la fin de l'année.

Le 30 juin 1870, seize jours avant la déclaration de guerre, M. Thiers disait à la tribune : « *Si nous avons* » *la paix, si on ne nous menace pas, c'est qu'on nous* » *sait prêts à faire la guerre*, la chose est évidente » comme la lumière : oui évidente pour tous ceux qui » connaissent l'état de l'Europe. *Savez-vous pourquoi* » *la paix a été maintenue ? — C'est parce que vous* » *êtes forts.* »

Au milieu de toutes ces dangereuses illusions dont l'opposition entretenait le pays, éclate comme une bombe l'affaire Hohenzollern. Depuis Sadowa, l'opinion, excitée, par les débats parlementaires et la polémique des journaux, nourrie des déclamations passionnées de l'opposition qui accusait l'Empereur d'avoir compromis l'influence de la France, en favorisant l'agrandissement de la Prusse, l'opinion, dis-je, égarée et trompée, finit par acquérir un désir général et violent de revanche. Dans le monde politique, personne ne doutait du succès d'une guerre. Quant aux officiers, aux généraux qui avaient le mieux étudié la composition de l'armée, pas un seul ne doutait de la victoire.

Dans la brochure intitulée : *Des causes qui ont amené les désastres de l'armée française*, brochure faite par un ennemi du régime impérial, on lit (pages 5, 6, 9.) « La guerre était déclarée, et de toutes parts, la nouvelle en avait été saluée par de bruyantes manifesta- » tions patriotiques que l'amour propre national frappé » enflammait plus que la haine. L'armée, pleine d'ardeur et d'enthousiasme, avait couru à la frontière, » encouragée dans ses sentiments par les vœux et les » manifestations touchantes de nos généreuses populations, qui l'acclamaient sur son passage, dans les » camps, dans les cantonnements ; la plus entière confiance dans le succès de nos armes animait tous les » cœurs : la victoire, qui toujours accompagnait nos

» pas, serait cette fois encore fidèle à nos drapeaux et
» allait couronner nos efforts..... *Si parfois un esprit*
» *clairvoyant admettait timidement la possibilité d'une*
» *défaite, en comparant l'organisation inachevée de*
» *notre armée et la faiblesse de nos effectifs aux neuf*
» *cent mille combattants bien exercés, bien disciplinés*
» *de l'armée allemande,* sa voix était aussitôt couverte
» par ces mêmes arguments spécieux, qui ont trompé
» en France toutes les prévisions. Quoiqu'il en fut,
» je le répète, une confiance absolue régnait dans tous
» les esprits, et les deux faits d'armes de Sarrebruck
» n'avait fait que la fortifier, quand arriva tout à conp
» la nouvelle de la défaite de Wissembourg et de l'in-
» vasion du territoire français par l'armée du prince
» royal.

Le général Trochu supposait que la guerre serait
longue et difficile ; mais il croyait à une première victoire qui faciliterait les négociations. La presse de toutes nuances poussa à la guerre avec la dernière éner-
gie, sans avoir la moindre inquiétude sur son issue :
Voici comment s'exprimait **la Gazette de France,**
(numéro du 1er juillet) : «La France possède une armée
» admirable de bravoure et de discipline. Elle a prouvé
» sa supériorité en trop de circonstances pour que l'on
» n'ait pas dans l'issue de la campagne la plus grande
» confiance. *Nous ne sommes préoccupés que de l'usage*
» *qu'entend faire le gouvernement de nos victoires.* »

La candidature au trône d'Espagne du prince de
Hohenzollern, parent du roi de Prusse, fut l'étincelle
qui mit le feu aux poudres. A l'instant, l'opinion publique déchaînées, imposa au gouvernement l'obligation
de ne pas tolérer qu'un prince prussien s'établit en
Espagne et toute la presse, écho fidèle de l'opinion,
fait foi du fait que j'avance. Voici les extraits des
journaux de l'opposition :

Le Temps : « Si un prince prussien était placé
» sur le trône d'Espagne, ce n'est pas jusqu'à Henri IV
» seulement, c'est jusqu'à François 1er que nous nous
» trouverions ramenés en arrière. »

Le Siècle : « La France, enlacée sur toutes ses
» frontières par la Prusse ou par les nations soumises
» à son influence, se trouverait réduite à un isolement
» pareil à celui qui motiva les longues luttes de notre
» ancienne monarchie contre la Maison d'Autriche.
» La situation serait à beaucoup d'égards plus grave
» qu'au lendemain des traités de 1815. »

Le Rappel : « Les Hohenzollern en sont venus à
» ce point d'audace..... qu'il ne leur suffit plus d'avoir
» conquis l'Allemagne, ils aspirent à dominer l'Europe.
» Ce sera pour notre époque une éternelle humiliation
» que ce projet ait été, nous ne dirons pas entrepris,
» mais seulement conçu ! » François-Victor HUGO.

Le Soir : « Quoi ! on permettrait à la Prusse d'ins-
» taller un proconsul sur nos frontières d'Espagne ! mais
» nous sommes trente huit millions de prisonniers, si la
» nouvelle n'est pas fausse. Il faut absolument qu'elle soit
» fausse. Elle le sera, si l'on veut, mais le gouvernement
» est-il encore capable de vouloir ? » Ed. ABOUT.

Débordé par ce mouvement, le gouvernement déclara
à la tribune le 7 juillet, par l'organe du duc de Gram-
mont, ministre des affaires étrangères, qu'il s'oppose-
rait à l'établissement en Espagne du prince de Hohenzollern. A cette déclaration, explosion de bravos dans
toute la presse.

Le Gaulois : « Pour la première fois, depuis le
» 23 février, le ministère a parlé aujourd'hui le lan-
» gage digne d'un cabinet français, digne du pays qui
» l'écoutait. Si nous avions supporté ce dernier affront,
» il n'y avait plus une femme au monde qui eût accepté
» le bras d'un français. »

Le Gaulois : (Échos des Chambres) « Il n'y avait
» plus de gauche ouverte, il n'y avait plus de droite, il
» n'y avait dans la Chambre que des Français. Toute la
» Chambre se lève et bat des mains. Les tribunes elles-
» mêmes appuient la manifestation. Les dames agi-
» tent leurs mouchoirs. L'émotion est indescriptible. »

L'Opinion nationale. « En restant sur ce ter-
» rain, le gouvernement peut tenir, comme il l'a tenu,
» un langage haut et ferme. Il aura toute la France
» derrière lui. M. de Bismarck passe toutes les bornes.
» S'il veut conserver la paix, qu'il recule. Quand à
» nous, nous ne le pouvons plus. »

Le Correspondant : « Nous sommes soulagés de
» nous sentir redevenus français. Toutes les âmes pa-
» triotiques ont salué, comme la Chambre, la déclaration
» du pouvoir en y retrouvant avec joie le vieil accent de
» la fierté nationale. Si l'on réfléchit que les sentiments,
» dont l'explosion vient de retentir, étaient compri-
» més depuis quelques années dans toutes les poitrines,
» on ne s'étonnera pas que le Gouvernement lui-même
» ait cédé à l'entraînement universel. » Léon LAVEDAN.
A la même date, le 8 juillet 1870, un journal anglais,
le **Times**, écrivait ceci : « Une pensée qui semble avoir
» saisi toutes les classes en France, c'est qu'il s'agit
» d'un point sur lequel la France doit se maintenir ou
» tomber. Qu'elle cède en cette circonstance, et son
» honneur, son salut même sont compromis..... Peù
» d'Anglais peuvent comprendre la profondeur du sen-
» timent français sur ce sujet. Elle est telle qu'il pour-
» rait être dangereux, sinon fatal, pour le gouverne-
» ment, de s'y opposer, ou de professer l'indifférence ou
» la non intervention..... »
Mais, dira-t-on, le père du prince de Hohenzollern,
d'accord avec le gouvernement espagnol, décida son

fils à retirer spontanément sa candidature, et ce renon-
cement spontané faisait disparaître les causes de la
guerre. Cela est vrai, le **Constitutionnel** du 7 juillet,
organe du gouvernement français, l'annonçait en ces
termes : « Le prince de Hohenzollern ne règnera pas en
» Espagne. Nous n'en demanderons pas davantage et
» c'est avec orgueil que nous accueillons cette solution
» pacifique. Une grande victoire, qui ne coûte pas une
» larme, pas une goutte de sang. »

Cette renonciation avait été obtenue sur les instances du gouvernement français par les bons offices des
ambassadeurs d'Angleterre à Madrid et à Berlin.

L'opinion publique accueillit cette solution pacifique
par des huées. Voici le langage des journaux : **La
Presse** : « Cette victoire, dont parle le **Constitu-
» tionnel** qui n'a coûté ni une larme, ni une goutte
» de sang, serait pour nous la pire des humiliations et
» le dernier des périls. Que la Chambre intervienne
» donc....... Nous n'avons plus de choix qu'entre l'au-
« dace et la honte. Quel est l'orateur, à la tribune, ou
» l'écrivain dans un journal, qui conseillerait d'hésiter ?»
De la Ponterie.

Paris-Journal : « La candidature espagnole était
» pour le gouvernement français une occasion excel-
» lente et qui ne se retrouverait plus, de rappeler à la
» Prusse qu'il existe une France frémissante depuis
» Sadowa..... »

Le Gaulois : « Paris a donné hier, la France don-
» nera aujourd'hui le spectacle d'une grande nation
» plongée dans la stupeur par une nouvelle qu'on
» salue ordinairement avec des cris de joie. Les cœurs
» sont serrés. On est triste et sombre. C'est que les
» masses, dix fois plus intelligentes que nos gouver-
» nants, comprennent, avec leur instinct profond, que

» cette victoire pacifique coûtera, par ses conséquen-
» ces fatales, plus de sang à la France que des batailles
» rangées. »

L'Univers : « L'on ne peut nier que l'opinion soit
» presque unanime à réclamer une action énergique...,
» une guerre avec la Prusse serait populaire en France...
» L'opinion publique serait déçue, si l'affaire venait à
« s'arranger par la diplomatie. »

Le National : « C'est une paix sinistre que celle
» dont on parle depuis vingt-quatre heures. »

Ainsi l'exaltation publique rejeta dans la guerre le
Gouvernement qui se cramponnait à la paix. La nou-
velle de l'incident d'Ems mit le comble à l'irritation de
Paris. Voici en quelques mots ce qui s'était passé :
Une sorte de renonciation du prince Léopold de
Hohenzollern étant venue d'Espagne, l'ambassadeur de
France, comte Benedetti crut pouvoir s'adresser au roi
Guillaume pour lui demander de ratifier cette renonciation. Cela se passait dans le jardin public, à Ems,
le 13 juillet. Le roi ne répondit pas ; mais, dit le **Times**
se retournant tranquillement vers son adjudant, le lieu-
tenant-colonel, comte Lehndorf, qui s'était retiré de
quelques pas lorsqu'il avait vu l'ambassadeur s'appro-
cher, le roi dit : « *Soyez assez bon pour informer le*
» *comte Benedetti qu'il n'y a pas de réponse et que je*
» *ne puis le recevoir de nouveau..... »*

Le correspondant du **Times** à Berlin ajoutait : « Le
» roi fit immédiatement télégraphier l'affaire au comte
« de Bismarck qui ne perdit pas de temps pour la pu-
» blier. A neuf heures du soir, on voyait des crieurs
» en grand nombre dans les principaux lieux de pas-
» sage, distribuant gratis un supplément spécial de la
» **Gazette de l'Allemagne du Nord**. Il contenait
» un court paragraphe rapportant, sans aucune remar-

» que, ce qui était arrivé. L'effet que ce bout de papier
» imprimé produisit par la ville fut terrible..... Des hur-
» rarhs pour le roi et des cris au Rhin se firent entendre
» de tous côtés, et dans tous les quartiers de la ville.
» Ce fut l'explosion d'une colère longtemps contenue. »

M. de Bismarck venait donc de persuader à Berlin que le roi Guillaume avait relevé un outrage qui lui aurait été fait par l'ambassadeur de France. L'incident est ainsi commenté par Scrutator, que l'on croit être M. Gladstone : « *Le comte de Bismarck, non content* » *d'avoir surexcité les sentiments belliqueux de Berlin* » *jusqu'à une ardeur fébrile, télégraphia immédia-* » *tement aux gouvernements étrangers le paragraphe* » *incendiaire qu'il avait publié dans* **La Gazette** » **de l'Allemagne du Nord.** *Le résultat naturel* » *s'ensuivit, Paris releva le défi de Berlin, mais que* » *l'on n'oublie pas que ce fut Berlin, — trompé par une* » *ruse qui, lue à la lumière sanglante des six derniers* » *mois, peut être justement caractérisée comme diabo-* » *lique, que ce fut Berlin qui jeta le gant. En criant,* » *à Berlin, Paris, après tout, ne fit que répondre à* » *Berlin la défiant sur le Rhin et criant: à Paris.* »

A ce moment en effet (14 juillet 1870,) la foule, surexcitée par la lecture des journaux de l'opposition, se prodigua en manifestations. On entoure la voiture de l'Empereur aux cris de : Vive la Guerre !

Voici en quels termes l'ambassadeur d'Angleterre lord Lyons, dépeignait l'exaltation des esprits dans une dépêche à son gouvernement.

« L'exaltation du public et l'irritation de l'armée » étaient telles qu'il devenait douteux que le Gouver- » nement pût résister au cri poussé pour la guerre, » même s'il était en mesure d'annoncer un succès diplo- » matique......... On sentait....... qu'il serait bien diffi- » cile d'arrêter la colère de la nation, et l'on pensait.

» généralement que le Gouvernement se sentirait obligé
» d'apaiser l'impatience en déclarant formellement son
» intention de tirer vengeance de la conduite de la
» Prusse. » (Dép. n° 60, lord Lyons à lord Granville.)

M. de Girardin couronna tout par cette déclaration
signée de son nom, dans le journal **la Liberté** : « Si
» la Prusse refuse de se battre, nous la contraindrons
» *à coups de crosse dans le dos à passer le Rhin* et à
» vider la rive gauche. »

La guerre était désormais inévitable. Elle était voulue
par la Prusse. Elle était exigée par la population de
Paris et des départements. Elle était réclamée par
tous les journaux de Paris, sauf deux ou trois qui sont
précisément des journaux dévoués à l'Empire, et qui
essaient jusqu'à la fin de croire possible le maintien de
la paix. Elle était, en résumé, subie par l'Empereur et
son gouvernement qui ont attendu pour rompre définiti-
vement avec la Prusse, aussi longtemps que le permi-
rent la sécurité de la France et l'honneur de la patrie.
Enfin, le 15 juillet, le gouvernement porta au Corps
législatif la question de paix ou de guerre. Sur 257 députés votants, il y eut :

Pour la guerre : 247. — Contre la guerre : 10.

Et quelle fut, dans cette mémorable séance, la conduite de l'opposition ? La voici :

Votèrent pour la guerre : M. Gambetta, membre du
Gouvernement du 4 septembre ; M. Jules Simon, membre du Gouvernement du 4 septembre ; M. Jules Ferry,
membre du Gouvernement du 4 septembre ; M. Ernest
Picard, membre du Gouvernement du 4 septembre ;
M. Dorian, membre du Gouvernement du 4 septembre ; M. Magnin, membre du Gouvernement du 4 septembre ; M. de Kératry, préfet de police du Gouvernement du 4 septembre ; M. Rampont, directeur général des Postes du Gouvernement du 4 septembre ;

M. Stecnackers, directeur général des Télégraphes du Gouvernement du 4 septembre ; M. Barthélemy Saint-Hilaire chef du cabinet de M. Thiers ; M. Larrieu, préfet du Gouvernement du 4 septembre ; M. Lecesne, fournisseur du Gouvernement du 4 septembre ; votèrent encore la guerre : MM. Bethmont, Carré-Kérisouët, Javal, de Jouvenel, Keller, Malézieux, Riondel, Guyot-Montpeyroux, et Wilson, (*Officiel* du 16 juillet 1870.)

Et M. Thiers, que fit-il sur la question de la guerre, qu'il prétend aujourd'hui avoir vivement combattue ? Il imita les hommes prudents ; il s'abstint ! Attendez cependant ; après avoir vu que toute la Chambre, moins dix voix, avait voté la guerre, au milieu de l'enthousiasme indescriptible des tribunes, M. Thiers se ravisa et le ministre de la marine, ayant demandé immédiatement seize millions pour commencer les opérations militaires contre la Prusse, M. Thiers les vota. (*Journal Officiel* du 16 juillet 1870).

Quand le Corps législatif eut voté, le 15 juillet, la guerre et les subsides de guerre, le journal **le Soir** publia ces lignes : « Dix hommes, qui prétendent repré-
» senter la France libérale, dix députés choisis par des
» électeurs français pour défendre les intérêts de la
» patrie, n'ont pas craint, au lendemain d'une insulte
» flagrante, en face d'une guerre fatale, à la veille
» d'une action décisive pour l'honneur fançais, de refu-
» ser péremptoirement les subsides qui doivent aider
» nos soldats à venger l'affront que nous avons reçu.
» En agissant ainsi, ils n'ont pas servi la cause démo-
» cratique, ils l'ont trahie. »

L'enthousiasme était alors immense ; ce fut un délire. Paris ne dormit pas de quinze jours, tenu en éveil par le *Chant du départ* et par la *Marseillaise*.

L'Univers disait : « La guerre où nous entrons
» n'est pour la France ni l'œuvre d'un parti, ni une

» aventure imposée par le Souverain. La nation s'y
» donne de bon cœur. Ce n'est pas l'Empereur Napo-
» léon III qui de son chef a déclaré la guerre actuelle.
» C'est nous qui lui avons forcé la main. »

C'est « la guerre de l'indépendance » disait M. Vri-
gnault dans **La Liberté**.

C'est « la guerre nationale » disait **la Presse**.

C'est la « guerre des honnêtes gens, » disait **le Soir**.

Et M. de la Ponterie écrivait dans **la Presse** du 17
juillet 1870 : « Les cris de guerre qui retentissaient
» hier sur nos boulevards vont maintenant remplir la
» France et soutenir notre armée dans la lutte héroïque
» à laquelle nous provoque l'insolence de la Prusse.
» Les résolutions de guerre n'émanent pas du gouver-
» nement ; elles sortent des entrailles même du pays.»

Oui, les résolutions de guerre sortaient des entrailles
du pays, mais elles sortaient surtout des entrailles de
l'opposition, qui réclamait la guerre avec d'autant plus
d'acharnement qu'elle avait travaillé, depuis quatre ans,
à affaiblir l'armée française et qu'elle désirait sa défaite,
sans oser l'espérer.

Voici ce qu'écrivait un journal italien, à attaches
républicaines, **La Gazzetta d'Italia**, au début de
1871: «Jusqu'à la catastrophe de Sedan, les républicains
» de Paris attendaient avec anxiété des nouvelles du
» théâtre de la guerre, tremblants d'apprendre quelque
» grande victoire de l'Empereur, alors que toutes leurs
» espérances reposaient sur sa défaite et, avec raison,
» comme ne l'a que trop prouvé l'évènement. »

Le maréchal Lebœuf, ministre de la Guerre, plus
étroitement obligé que personne à la prudence, commit
la faute de partager la confiance de M. de Girardin, de
M. Thiers, de M. Pelletan, du général Trochu, celle
de tout le monde. Il déclara à la Chambre qu'on était
prêt : notre armée l'était en effet ; qu'il ne manquait

pas un bouton de guêtre ; cela était vrai : nos arsenaux regorgeaient de canons, de fusils, d'uniformes et de munitions ; nos forteresses étaient bien approvisionnées et bien armées : l'enquête parlementaire faite par l'Assemblée Nationale l'a surabondamment démontré. Nos soldats étaient héroïques, hélas ; mais nous n'avions que trois cent mille héros, le chiffre qu'un parlement imbécile avait imposé à un ministère responsable.

Nous voici arrivés au commencement de la campagne de 1870, et à la fin de cette première partie : le régime parlementaire avant l'invasion. En terminant, jetons un coup d'œil en arrière, et résumons en quelques mots, cette période écoulée depuis le 19 janvier 1867 jusqu'au 15 juillet 1870. Il y a eu pendant ces quatre années, deux grosses fautes commises : la première, de n'avoir pas une armée à la hauteur des besoins de la patrie, la seconde d'avoir déclaré la guerre à la Prusse, lorsque la renonciation du prince de Hohenzollern nous donnait entière satisfaction, et lorsque notre armée héroïque mais insuffisante nous interdisait la possibilité de vaincre.

Ces deux fautes, à qui en incombe la responsabilité ? à l'Empereur ou au Parlement, au régime personnel ou au régime parlementaire ?

Je vous ai montré comment le 19 janvier 1867, l'Empereur, cédant à la pression de quelques hommes, (malgré la résistance de M. Rouher), poussé par le désir de faire l'essai du régime parlementaire, avait fait le premier pas hors de la Constitution de 1852, en donnant au Corps législatif le droit d'interpellation, droit qui lui permettait de faire et de défaire les ministères.

Je vous ai montré comment ce Corps législatif devenu, par ses nouvelles attributions, le corps important de l'État, avait repoussé la loi militaire des 1200,000 hommes, et voté en rechignant la loi de la garde mobile ; comment cette loi même fut rendue inapplicable par le refus des crédits nécessaires à son bon fonctionnement.

Je vous ai montré comment le Parlement poussa le gouvernement à la guerre dès le premier jour de l'affaire Hohenzollern, et ne voulut jamais entendre parler d'un arrangement.

Je vous ai montré comment l'Empereur, devenu ro constitutionnel, n'avait pu, malgré ses efforts, faire voter la loi militaire, qu'il considérait comme indispensable, et comment, en 1870, loin de désirer la guerre, il eût voulu l'éviter. Mais s'il n'avait pu imposer sont avis personnel, c'est qu'il n'en avait plus le droit. Écoutez ses paroles à l'ouverture d'un conseil des ministres en juillet 1870.

« Je suis aujourd'hui un Souverain constitutionnel,
» il est de mon devoir de m'en remettre à votre
» sagesse, à votre patriotisme, pour décider du parti
» qui nous reste à prendre en face des évènements qui
» viennent de se produire. »

Et les ministres, disposés à accepter le compromis de la renonciation du prince de Hohenzollern, en ont été empêchés par les clameurs de la Chambre et la presse ; c'est que la question Hohenzollern était devenue, grâce au parlementarisme, une question de portefeuille et de parti, au lieu d'être traitée comme d'autre avec calme et maturité dans les conseils du souverain, où elle eût reçu une solution pacifique.

Dans un travail récent d'un diplomate ennemi de l'Empire, sur les évènements d'alors, nous lisons à l'appui de notre dire : « Ce n'est pas ainsi que notre politique avait
» procédé dans des circonstances d'une bien autre gra-
» vité, au mois d'avril 1867, sous le ministère Rouher.
» Notre honneur était alors réellement en cause ; il s'a-
» gissait de renoncer publiquement à une province que
» la Prusse nous avait promise et que déjà la Hollande

» nous avait cédée. Mais, pressentant le piège, le gou-
» vernement impérial refusa de jouer lejeu de son ad-
» versaire ; il resta impassible devant ses excitations
» calculées ; il réussit par sa sagesse, sa modération,
» à s'assurer le concours des puissances. Par une évo-
» lution habile, faite sous le coup du danger, il força la
» Prusse à évacuer le Luxembourg, malgré de solen-
» nelles déclarations. Il prouva sansrien sacrifier de sa
» dignité, que le gouvernement d'un grand pays choi-
» sissait son heure et n'exposait pas les forces dont il
» est le gardien aux convenances d'un homme d'état
» téméraire. » *Souvenirs diplomatiques.* G. ROTHAN.

Et nous voyons dans ce même travail que le parlementarisme nous a conduit à la guerre en compro-
mettant nos alliances.

« L'empereur Napoléon, après les modifications que le
» plébiscite avait introduit dans la Constitution de 1852,
» n'était plus en situation d'agir sans l'assentiment de
» ses ministres qui arrivaient au pouvoir avec le pro-
» gramme du désarmement. Les négociations qu'il pour-
» suivait secrètement avec l'empereur François-Joseph
» et le roi Victor-Emmanuel s'en ressentirent. Il dut
» même renoncer, sur les observations du comte Daru,
» à communiquer directement avec le général Fleury. »

En résumé, le régime parlementaire, et le régime
parlementaire seul est coupable :

1º De la non réorganisation de nos forces militaires ;

2º De la déclaration de la guerre ;

3º De la guerre faite dans les plus mauvaises condi-
tions, sans soldats et sans alliances.

L'Empereur n'est coupable que d'une faute, mais c'est
la plus lourde devant l'histoire : celle d'avoir rétabli le
régime parlementaire. Voilà sa seule, son unique
faute, celle qu'aucun Napoléon aujourd'hui ne voudra
recommencer.